JN438589

바람에게 길을 묻다

남낙현 시집

오늘의문학사

《서문》

여섯 번째 시집을 펴내며

직장관계로 집에서 멀리 떨어진 대천에 와서 4년째 혼자 지내고 있다. 처음에는 막막하고 허전했지만 시 쓰는 재미로 그럭저럭 버티고 있다.

나는 깊은 산속에 들어가 사는 사람처럼 3無 생활을 해오고 있다. 현대인들에게 없어서는 안 되는 세 가지 없이 살아오고 있다. 솔직히 승용차, TV, 인터넷이 없이 생활하기란 쉽지 않은 일이다.

사람들은 TV나 인터넷없이 무슨 재미로 혼자 사느냐고 반문하기도 한다. 고독과 절제, 그리고 느림이 내 문학의 힘이며 원천이다.

물질적인 풍요는 게으름을 낳고 나태함의 근원이 된다. 언제나 나에게 부족함을 일깨워주는 독서와 사색은 정신적인 모태이며 채찍이다

나는 어느 2층집 건물 아래층 부엌이 딸린 문간방에 세 들어 살고 있다. 평소 누구에게도 방해받지 않고 글을 쓰고 싶은 나는 집필실을 하나 갖고 싶었던 것이 소원(?)이었는데 이번 기회에 그 소원을 이루게 되었음에도 나는 별로 기쁘지 않았다.

유난히 비가 많이 내린 지난 가을에는 천장에서 물이 뚝뚝 떨어져 내렸다. 나는 흥부네 집 같은 구석진 방에서 마음을 추스리고 글을 썼다.

나는 매일 어두침침한 방에 쪼그리고 앉아 시를 쓰고 책을 읽는다. 이곳에서 씌여진 시는 나보다도 더 외로워 보였다. 밖으로 나가면 서해 바다로 곧바로 연결되는 대천천변이 가까이에 있다. 발길 닿는 대로 20여 분 정도 걸어 가면 서해바다가 눈앞에 펼쳐진다.

나는 오늘도 바닷가를 걸으며, 살랑 살랑 불어오는 바람에게 길을 묻는다. 그러나 여지껏 어떤 바람도 나에게 길을 알려 주지 않았다. 나는 여전히 바람이 불어오는 둑길을 걸을 것이며, 또한 거기서 만나는 바람에게 길을 물을 것이다.

포탈사이트 네이버에 〈남낙현〉으로 검색하면 나에 대한 기사가 천여 가지 실려 있다. 〈남락현〉으로 검색하면 이백여 가지가 실려 있다. 그런데에도 나의 내면에는 허기가 든 것처럼 충족되지 않는 허전함이 있다.

‖ 차 · 례 ‖

■ 서문 11

제1부, **대숲에 내리는 바람**

꽃피는 봄이 오면 19
오는 봄 20
3월에 내리는 눈 21
봄이 오는 소리 22
대숲에 내리는 바람 23
매미 24
무인도 26
그 집 앞 27
귀향 28
내리는 빗속에 꽃은 지고 29
바다는 왜 짤까 30
거미줄 32
마지막 잎새 33
오디 34
징검다리 35

제2부, **돌담길 따라서**

어머니 39
호주머니 속의 바다 40
꿈꾸는 바다 42
장미 한 송이 43
바람은 물결 속에 잠을 잔다 44
돌담길 따라서 45
바다는 시집이다 46
나이가 들수록 47
불면의 밤 48
겨울 바다 49

독도는 외롭지 않다 ······ 50
새벽 안개산 ······ 51
봄눈이 내리면 ······ 52
봄은 실눈을 뜨고 ······ 54
내 살던 옛집 ······ 56

제3부, 비밀번호

별 ······ 59
새벽 금강에서 ······ 60
강가에 서면 ······ 61
이사 ······ 62
나이를 먹는다는 것은 ······ 63
낙엽이 가는 길 ······ 64
그리운 언덕에 올라 ······ 66
거미줄 2 ······ 67
비밀번호 ······ 68
함박눈 ······ 69
대설주의보 ······ 70
눈속에 파묻힌 마을 ······ 72
떠나가는 가을을 보며 ······ 73
희망에 대하여 ······ 74
가을 억새밭 ······ 75
떠나가는 가을 ······ 76
털에 대하여 ······ 78
다시 또 가을에 ······ 80
안개 바다 ······ 81

제4부, 섬이 된 사내

갈대 꽃 ······ 85
늙은 호박 ······ 86

외롭다는 것은 …… 88
늦가을 실루엣 …… 89
길 …… 90
섬이 된 사내 …… 91
그리운 것들을 가슴에 담고 …… 92
장미의 눈물 …… 93
꽃을 피우는 까닭 …… 94
연꽃 한 송이 …… 95
개구리 우는 마을 …… 96
시간은 …… 97
어머니 …… 98
금강 물새 …… 99
나는 지금 바다로 간다 …… 100
5월의 노래 …… 101
새싹에게 …… 102
처음 느낌 그대로 …… 103
동백꽃 …… 104
차 한 잔을 마시며 …… 105
사라져가는 것은 아름답다 …… 106
반지 …… 108
혼자 먹는 저녁 …… 109
봄 햇살 …… 110
하늘을 우러러 …… 111

제5부, 봄을 타는 여자

봄 햇살은 나비 등을 타고 …… 115
하늘 호수 …… 116
벚꽃 구경을 가시거든 …… 118
별 2 …… 119
벚꽃 나무 아래에 서면 …… 120
봄을 타는 여자 …… 121
이불을 널며 …… 122

쓸쓸한 저녁에 ………… 123
아버지의 집 ………… 124
한 걸음 내디디면 ………… 126
내 본래 모습은 ………… 128
초가집 ………… 129
아버지의 신발 ………… 130
가을은 빨간색을 좋아한다 ………… 132
낙엽이 가는 길 ………… 134
가을이 오면 ………… 135
가을 들녘 ………… 136
백담사 가는 길 ………… 137
담쟁이 ………… 138

제6부, 바람이 아는 것

가을 장마 ………… 141
바다가 보이는 산길 ………… 142
가을이 오면 ………… 144
소나기 ………… 145
바람이 아는 것 ………… 146
바다 ………… 147
내안의 두 마음 ………… 148
흐르는 강물처럼 ………… 149
바람 쐬러 가는 바람처럼 ………… 150
굴비 한 두름 ………… 151
그리움의 향기 ………… 152
아름다운 눈으로 ………… 154
실루엣 ………… 156

■ 나의 문학 나의 인생 ………… 157
■ 시의 진정성 ………… 165

제1부

대숲에 내리는 바람

꽃 피는 봄이 오면

살랑살랑
가슴속으로 불어오는 바람은
어데서 오는 바람일까?

파랗게 봄나물들이
쏘옥 얼굴을 내밀고
두 손 번쩍 들고 허리를 피면서
기지개를 켠다.

살갗을 파고들던
매서운 바람이
언제 불어왔던가?
벌써 겨울은 우리의 기억 속에서
까마득히 사려져 버렸다.

무던히 눈이 많이 내렸던 지난 겨울
용케도 버티었던 초목들이
움추린 가슴 속에 남몰래
보듬었던 그리움을
꽃망울로 활짝 피워낸다.

오는 봄

겨우내 꽁꽁 언 대지는
솔솔 피어오르는 봄기운에
슬며시 실눈을 뜨고
풋풋한 흙가슴을 풀어 헤친다.

황량한 대지는
흙가슴을 열어
바람과 햇살과 온기를 보듬고
싹을 키운다.

우리나라 봄은
남녘에서부터 온다.
살랑살랑 불어오는
봄바람을 타고 온다.

오는 봄은
어서 따라 오라고
따라가자고
앞서거니 뒤서거니
앞 다투며 온다.

3월에 내리는 눈

우리나라에는
3월이 되어도 눈이 내린다.
봄을 기다리며
쏘옥 나오는 새싹들이
온몸으로 눈을 맞는다.

3월에 내리는 눈은
땅에 떨어지면 금방 으깨어져
상처투성이다.

3월에 내리는 눈은
겨울이 봄으로 바뀌는
계절의 변화를 시샘하는 침묵 시위다.
저 수백 만 수천 만 소리없는 아우성이
천지를 진동시키며
한겨울의 아쉬운 발자취를 남긴다.

봄이 오는 소리

얼음장 밑에서
졸졸졸
봄이 오는 소리가 들린다.
두꺼운 땅껍질을 뚫고 나오는
아주 작은 힘,
어떠한 힘으로도 막지 못한다.
작은 새싹 하나 우주를 뚫고
세상 구경을 나오려고
기지개를 켠다.
벌써 양지 바른 언덕에
뾰족 나온
푸른 싹들
새 생명의 탄생을 알린다.

대숲에 내리는 바람

대나무는 하늘을 향한
꿋꿋함 하나로
올곧게 자란다.

누구를 기다리나 그리움에 지쳐
까맣게 탄 가슴은
아예 텅 비어 버렸다.

바람이 불 때마다
대숲에는 파도가 일듯
쏴쏴쏴 출렁거리고
대나무 잎새마다 매달린
은빛 달그림자조차
갸날프게 흔들거렸다

머리를 풀어헤친
조각달이 내려와
대숲에 이는 고요의 중심에
둥둥 떠 있다.

매미

매미가 우는 것은
여름이 좋아서가 아니다.

매미가 우는 것은
짝을 부르는 신호다.

캄캄한 땅속에서
굼벵이로 7년을 지내다
한여름 반짝 매미로 태어나
보름 정도를 살다 간다.

그 짤막한 한 생애
그처럼 작은 몸집에서
어쩌면 저토록 우렁찬 소리가
나는 것일까?

보름 동안
짝을 찾는 노래를 부르다가
결국 짝짓기를 하고는
땅속에 알을 낳고는
이내 죽는다.

혼신의 힘으로
사랑을 나누다 죽는다.

그래서 죽은 매미의 몸은
바람처럼 가볍다.

무인도

썰물이 빠지고 나면
바다 한 가운데에 생겨나는
오래된 섬 하나
높이 나는 새가 멀리 보는 것처럼
멀리 보는 자가 섬을 발견한다.
저 멀리서
무인도는 아무도 모르게
바다 위에서 점프를 하며
마치 고래등처럼
떠오르다가 사라지기도 한다.
반짝이는 물비늘을 따라
솟구치며 일렁이는 파도를 따라
바다 위에 내리는 눈송이처럼
자맥질 하는 섬
밀물이 들어오면
거짓말처럼 사라지는 섬.

그 집 앞

시골 길을 가다보면
나도 모르게 발길이
멈추는 집이 있다.

멀리서 보면
자그마한 액자 속의
작은 풍경

마당은 좁고
울타리는 무너져
누추하고 볼품이 없지만
마치 내집인양 들어서고
싶은 그 집

누군가 나와
나를 반겨줄 것만 같은
그 집 앞에 서면
내 유년의 기억들이
되살아 난다.

귀항

어스름이 깔리는 저녁
갈매기 떼를 이끌며
통통통
섬과 섬 사이를 지나
귀항하는
고깃배 한 척

만선의 깃발이 휘날리는
은빛 돛대를 달고
항구로 돌아오는 배는
갑자기 거세지는
파도를 넘고 넘어도
숨이 차지 않는다.

고깃배를 따라 함께
먼 바다로 나갔던 바람이 하나
아직 돌아오지 않았다.

내리는 빗속에 꽃은 지고

내리는 빗속에
후두둑 꽃잎이 진다.
꽃이 진다고
누구 하나 울어 주는 이 없다.

사람들은
꽃이 다 졌다고
금방 너를
잊지는 않겠지만
그리움도 폈다가 진다.
사랑도 들불처럼
타오르다 사그라 든다.

비 내리는 저녁 나절
외로운 사람만이
꽃이 지는 이유를 안다.
꽃이 지는 아픔을 안다.

바다는 왜 짤까

바다는
외로운 사람들이
흘린 눈물이
모여 이루어졌다.

바다는 서러운 사람들이
흘린 눈물이
모여 이루어졌다.

바다는 슬픈 사람들이
흘린 눈물이
모여 이루어졌다.

바다는 가난한 사람들이
흘린 눈물이
모여 이루어졌다.

사람은
외로울 때 서러울 때 슬플 때
눈물을 흘린다.

사람이 흘리는 눈물은 짜다.
짠맛의 눈물이 모여
바다를 이룬다.
그래서 바다는 짜다.

거미줄

거미 한 마리가
어떻게 들어왔는지
내가 혼자 사는 방 한구석에
거미줄을 쳤다.

방안에는
날아다니는 것이라곤
파리 한 마리도 없는데
무엇을 노리고 거미줄을 쳤을까?

저 거미는 내 방안에
거미줄을 쳐놓고
목을 길게 빼고는
먹이감이 거미줄에
걸려들기를 기다리겠지.

어쩌면 저 거미가
배짱좋게
내 목숨을 통째로 노리고
있는지도 모르는 일이다.

마지막 잎새

여름 내내
온 세상을 초록색으로 물들인
나무들도
가을이 되면 모두 잎새를 떨군다.

마지막 잎새처럼
세월이라는 거대한 나무에 매달려
간당간당 붙어있는 우리네 인생

천 년 백 년 살 것같이
떵떵거리고 살던 사람도
하늘에 별이라도 떨어뜨릴 것 같이
권세를 휘두르던 사람도
모두 하나같이 마지막 잎새다.

마지막 잎새처럼
오늘 하루를 살라.
거기 인생의 참뜻이 있다.

신이 허락한 시간을
소중하게 쓰는 사람만이
마지막 잎새의 의미를 안다.

오디

오디가 뽕나무 열매인 줄을
모르는 사람이 많다.
어렸을 때에는
동네에 누에를 키우는 집이 많아
뽕나무를 많이 가꾸었다.
뽕하고 방귀 끼는 뽕나무 잎으로
누에를 키웠는데
누에고치 속에서
비단실이 나왔다.
지금은 아무 쓸모없이
서 있는 뽕나무
여름이 되면
뽕나무 밑에 아이들이 모여들고
달디 달은 오디를 따서
한 입에 놓으면
어느새 입술에 오디물이
검붉게 물들어
서로 얼굴을 쳐다보며
히히거리며 웃는다.

징검다리

개울이나 내를
건너기 편하도록
개울을 가로 질러
징검다리가 놓여져 있다.
징검다리가 없는 곳은
맨발이 아니면
건너지 못한다.

누군가
징검다리에서
돌 하나를 빼내도
징검다리를 온전하게
건널 수 없다.

내 인생의 긴 삶의 여정에
개울 같은 장애물을 만나
건너지도 못하고
망설이고 서 있을 때
누군가 다가와
손을 내밀어 주는
징검다리 같은 사람이
그립다.

제2부

돌담길 따라서

어머니

내 유년의 뜨락 가득
꽃이 핀다.

소쩍새 슬피 울던 날
한 번 가서는 오지 않는 어머니

어머니가 계신 곳에도
아름다운 꽃들이
만발하고
새들이 신명나게 지저귈까?

바람이 되어
새가 되어
이슬이 되어
지금도
내 유년의 뜨락을
추억으로
수놓으시는 어머니.

호주머니 속의 바다

바다를 닮은
작고 둥근 조약돌 하나
호주머니 속에 넣고
다녔다.

바다를 닮은 조약돌에서는
갯내음이 물씬 풍겨 나오고
파도 소리를
하루 종일 들려준다.

바다에서 태어난 돌멩이는
처음엔 모나고 못생긴
돌이었다.

부서지는 파도에
몸이 부딪히고 망가지길
수만 번 아니 수천만 번
마침내 둥근 조약돌이 되었다.

끝없이 펼쳐진
바다 이야기를
소곤 소곤 들려주는

호주머니 속의 바다.

먼 바다에 주워온
그 조그마한 조약돌 속에서
하얗게 밀려오는
파도 소리가 찰싹거린다.

꿈꾸는 바다

바위에 걸터앉아
쫀득쫀득한 멍개를 씹으며
소주잔을 단숨에 털어놓고는
바다를 본다.
해녀는 바다의 내장 속을
이리저리 헤집고 들어가
검붉은 심장을 캐 올린다.
해녀는 가슴에 불끈 치미는
그 무엇을 짓누르며
오늘도 바다에 나선다.
한숨 섞인 눅진한 사투리가
파도소리에 부서지고
오늘따라 물질이 사납다.
숨이 차서
숨이 차서
자맥질하다가
솟구쳐 오르는
틈실한 엉덩이엔
처연한 갈매기 울음소리가
덕지덕지 달라 붙는다.
몽실한 가슴팍엔
싱싱한 파도 소리가
끈적끈적 달라 붙는다.

장미 한 송이

A4 용지 묶음을 만지다가
손가락을 베었다.

백지 위에 선명하게 찍힌
선홍색 장미 한 송이
하얀 백지는 덩굴이 없이도
붉은 장미꽃을 피웠다.

그 얇디 얇은 백지 몇 장에
내 손가락이 스치기만 하였는데
상처를 만들어 냈다.

행여 내 곁을 스쳐간 사람들의
하얀 마음 속을
가시로 찌르지 않았는데도
선홍색 장미 같은 진한 상처를
남겨 놓지나 않았는지?

바람은 물결 속에서 잠을 잔다

어스름이 깔리는 바닷가
바람이 서둘러 길을 떠난다.
물결이 일고 파도가 친다.

바람이
작은 바다를 건너 큰 바다로 불어오면
잔잔한 물결은 파도가 된다.
파도는 결 고운 하얀 손으로
모래밭에 생긴 새발자국을 지워 버린다
모래밭에 쌓아 놓은 모래성도 지운다.

성난 파도가 할퀴고 간
외딴 섬은 깜짝 놀라 잠에서 깨어나고
큰 바다로 치달리던 바람은
잔잔한 물결 속에서 잠을 잔다.
아무 일도 일어나지 않은 것처럼
다시 평온해진 바다.
잠이 깬 섬만 홀로
몸을 뒤척인다.

돌담길 따라서

반쯤 허물어진 돌담 위에
새 한 마리 날아들고
집집의 경계선 따라
쭉쭉 이어진 돌담 사이로
허름한 옛집이 보인다.
비록 생활은 가난하지만
돌담 너머 뜰안 풍경이 따스하다.

듬성듬성 쌓아올린 돌 틈 사이로
달빛이 스며들고
바람이 스며들고
지나간 시간이 스며든다.
온 세상을 돌고 돌아
돌담길로 들어서면
낮닭이 울고 개가 짖는다.
이제 다시 내가 돌아갈
먼 길이 보인다.

바다는 시집이다

바닷가를 걷노라면
누구나 다 시인이 된다.
발에 밟히는 모래와
파도 소리조차 다 시다.
사람들은 바닷가에 오면
누구나 다 드넓은 망망대해를
쪽배를 타고 건너는 것을 상상한다.
상상 그 자체로도
황홀해진다.
바다 위를 나는 갈매기 떼
거기 누워 있는 섬 하나.
가끔 떠오르는 구름도
시가 된다.
바다 바람을 쐬고
집에 와 누워도
오래도록 기억 속에 남는 바다
아주 긴 여운이 된다.
두고 온 바다 끝에 서서
바람에게 길을 묻다.

나이가 들수록

나이는 숫자에 불과하다지만
나이를 뛰어넘어 살지는 못한다.
희끗희끗해진 머리
이마를 주욱 그은 주름살이
내 나이를 옥죈다.

나이가 점점 들어
환갑쯤 늙수룩 해지면
죽음에도 입을 맞추며
가까이 지내겠지.

순간 순간이 모여 하루가 되고
하루가 모여 한 달이 되고
한 달이 모여 1년이 되면
어김없이 한 살을 더 먹는다.

내 인생의 중심인
지금 이 순간이 가장 소중하며
지금 이 순간이 영원한 것이다.

불면의 밤

홀로 쓸쓸히 누워
어둠이 흘러가는 소리를 듣는다.
어둠은 하늘에서
내려오는 것이 아니라
조용히 흘러가는 것이다.

밤은 점점 깊어가고
나는 어둠 속에 숨어
저 혼자 깊어가는
또 다른 어둠이 된다.

굴러가는 어둠에 실려
나는 깊고 깊은 천길 낭떠러지
아득한 불면 속으로 떨어진다.

밤새 잠 못 이루고
어둠을 굴리고 또 굴리다가
결국 새날이 밝아오면
가물가물 사라지는
어둠의 그림자 뒤켠으로
나는 몸을 숨긴다.

겨울 바다

한 겨울 바다를 그리워하는 일은
시린 가슴 언저리에 외로움이
눈물처럼 고여있기 때문이다.
어느 날 문득 일상을 접고
겨울 바다에 가고 싶다.
눈이 제 아무리 펑펑 쏟아져 내려도
내리는 족족 눈은 결국 흔적도 없이
사라지고 마는 겨울 바다
이 세상에 내려와
일순간에 사라지고 마는 눈꽃송이를
하염없이 바라다 보면
하늘과 바다와 내가 하나가 된다.
어느 게 바다이고
어느 게 하늘인지
분간하기 조차 어렵다.
눈이 내리는 겨울 바다에 가면
사람이 하는 일들이
얼마나 부질없고
하찮은 것인지 깨닫게 된다.

독도는 외롭지 않다

울릉도에서
뱃길로 2시간 반 거리
우리 국토의 막내둥이

망망대해 혼자는 외로워
둘이 함께 서 있는
쌍둥이 섬

빛의 축제도 열리고
시 낭송대회도 열리고
관광객들이 줄지어 찾아오고
외로운 그 이름
獨島는 외롭지 않다.

이제 온 세상 사람들이
비로소 독도에 관심을 갖게 되어
이젠 외롭지 않다.

새벽 안개산

이른 새벽
산 하나가
안개가 내리는 틈을 타
물푸레나무 밑으로
슬그머니 기어들더니
이슬 방울 속으로
몰래 숨어 버렸다
처음 산을 찾은 사람들은
그것도 모르고
산이 사라졌다고 투덜거린다.
산이 있던 자리에
아무것도 보이질 않고
찬 바람만 휑하니 분다고
모두들 야단이었다.
산은 늘 거기 있었는데도.

봄눈이 내리면

세월은 벌써 봄인데
봄눈이 내린다.
봄에 내리는 눈은
생명이 그리 길지 않다.
땅에 닿는 순간 이내 녹고 마는
아주 짧은 생애.
내리는 봄눈을 훅 불면
이내 흩어지고 마는
하얀 속살이 슬프다.
쏟아지는 눈발을 올려다 보며
내리는 눈송이를 세어 본다.

하나 둘 셋
수천 수만 개의 눈송이를 따라
알 수 없는 그리움이
물밀듯이 빗금쳐 내린다.
봄을 시샘하며 내리는 봄눈이
때로는 야속하기도 하지만
내리는 봄눈 속에는
파릇파릇
돋아나는 희망이
담겨 있어 좋다.

봄눈은
지리한 겨울이 지나가고
곧 새봄이
우리 곁으로 찾아온다는
소식을 전해주는
봄의 전령이어서 좋다.

봄은 실눈을 뜨고

해마다 봄이 오면
저절로 새싹이 돋고
저절로 꽃이 피지 않는다.

땅 속에서
땅 위에서
공중에서
봄은 연초록으로
봄 들판을 장식하기 위해
잠시도 쉬지 않는다.

봄은 보이지 않는 곳에서
생명을 아름답게 보듬으며
아지랑이 처럼
아물아물 피어오른다.

나뭇가지에서
둑에서
길에서
산에서
강가에서
연두색 봄은

겨우내 꼬옥 감았던
실눈을 가만히 뜨고는
눈을 휘둥거리며
신기한 듯 세상을
올려다 본다.

내 살던 옛집

내가 살던 옛집은
무너져 햇볕이
쨍쨍 무더기로 내려와
마당에는 잡풀만 무성하다.
그 옛날 초가집이
서 있던 자리에는
옛집이란 흔적은
아무것도 없지만
지금도 기억 속에는
옛집이 뚜렷하게 우뚝 서 있다.
지금도 내 기억 속에 있는
내 살던 옛집 마당에서는
어머니는 푸성귀를 다듬고
아버지는 닭들에게 모이를 주신다.
마당 한가운데 한 꼬마가
심심함을 달래려는 듯
혼자서 뛰어 놀고 있다.

제3부

비밀번호

별

이 세상에 외롭지 않은 사람이
어디 나뿐이랴 하지만
나는 세상의 끝자락
한쪽 모서리에서 살아가는
외로운 사람이다.

밤하늘을
하염없이 올려다 보며
촘촘히 박혀 있는
별빛을 불러 모아
나도 하나의 별이 된다.

너무 외롭게 살다가
죽은 사람은
별이 된단다.

나도 죽으면 별이 되어
바람이 되어
누군가 외롭게 살다가 죽어서
별이 된
그 곁에 머물고 싶다.

새벽 금강에서

꼭두새벽에 일어나 강가에 서서
나는 발가벗은 강의 목을 끌어 안았다.
하얀 거품을 내는 미끌미끌한 알몸이
너무나 탐스러웠다.
밤새 잠 못 이루고 뒤척인
강의 알몸은 신열처럼 뜨겁다.

강물은 낮에는 옷을 몇 겹씩 껴입으며
점잖은 듯 내숭을 떨지만
어둠이 내리면
거추장스러운 옷들을 모두 벗는다.

강물 속을 하염없이 들여다 보면
흘러간 시간과 사라져간 풍경들이
되살아난다.

먼 시간 속에 갇힌 채
물속에서 흐르는 침묵같은 작은 모래 위를 걷는다.
그 은밀한 속삭임이 내게로 온다.

발가벗은 새벽 강물, 그 깊고 깊은 심연의 바다에
풍덩 빠져보고 싶은
달콤한 유혹이여.

강가에 서면

마음이 어지러운 날
강가를 찾았다.
강물은 그 깊고 짙은
고독의 그림자를 드리우고 말을 버렸다.
파란 눈빛이 살아 번뜩이는 강물 위를
날아가던 새떼가 깃발처럼 공중으로 차오른다.
몇 개의 점으로 사라져간 꿈들이
지금은 하늘 어디쯤 가고 있을까?
저녁 노을에 홍건히 젖어 웅어리진
답답한 가슴 순간 소리를 내지르고 싶다.
만났다 흩어지고 흩어졌다 만나는 것이
어디 우리들 사랑뿐이랴.
강물도 만남과 헤어짐으로 이어지며
바다로 흘러가는 것이다.
가느다란 가로등 불빛 아래
외로움이 그림자처럼 따라 붙는다.
한번 흘러간 강물은 다시 돌아오지 않는다.
강물처럼 뒤돌아 보지 말고
앞만 보고 살자.
눈가에 맺힌 한 웅큼의 눈물을 강물 위에
다 흘려 보내고
저 고운 물빛 닮은 아름다운 사람이 되고 싶다.

이사

해묵은 집착조차 애정이란 이름으로
내 안에 가두려 했었다.
오고 감은
정작 빈 몸 하나로도 족하련만
어느새 덩치만 커진
미천한 살림들
손때 묻은 일상 차마 버릴 수 없어
먼지를 닦으며
새로운 소망을 품으며
이사를 간다.

나이를 먹는다는 것은

나이를 먹는다는 것은
남몰래 간직해 온
그리움을 하나 둘씩 삭히는 일이다.
결코 내게 오지 않는 사람을
결코 내게 오지 않는 시간을
결코 내게 오지 않는 희망을
하나 둘씩 버리는 일이다.
나이를 먹는다는 것은
꿈을 키우기도 하지만
꿈을 버리기도 하는 일이다.
나이를 먹는다는 것이
얼마나 허망한 것이며
얼마나 부질없는 것인가를
나이를 제법 먹어본 사람은 알 것이다.
우리는 저마다 나이를 먹음에 따라
숫자라는 훈장을
텅빈 가슴속에 대롱대롱 달고 산다.

낙엽이 가는 길

가을 어느 날
초록 나무들이
차가운 이슬을 받아 먹고
오색 물이 들기 시작하였다.

가을 단풍은
차가운 하늘에서 쏟아지는 바람에
그만 잎새들을 떨군다.

낙엽 지는 길은
너무나 아름답지만
한 번 떠나간 것들은 지금 내 곁에 없다.

가슴속에 쌓이는 그리움처럼
낙엽은 쌓이고
낙엽 지는 오솔길을 홀로 걸어가면

하염없이 떨어지는 낙엽들이
어느새 내가 남긴 발자국들을
모두 지워 버린다.

지워진 그 발자국 위로
외로움이 낙엽처럼 새로 쌓이고.

그리운 언덕에 올라

두메나 산골 내 고향
그리운 언덕
징검다리 건너 논두렁길
신나게 달린다.

송아지 음매음매 울음소리
정적을 깨는 너무나 고요한 마을
논두렁길 풀섶마다 메뚜기 뛰어 오르고
논배미마다 참새 떼가
극성스럽게 잦아든다.

이제 친구들도 모두 떠나고
남은 것은 허리굽은 소나무와
허름한 농가 몇 채뿐

다시는 돌아갈 수 없는
내 어린 시절
내 꿈이 어린 그 곳 그리운 언덕에 올라
닐리리 풀피리 불며
지난 어린 시절을 회상한다.

요즘은 부쩍 꿈 속에서도
고향이 그립다.

거미줄 2

며칠 동안 거미가
끙끙거리며
바람만 지나다니는 허공에
그물을 쳐 놓는다.
거미가 쳐 놓은 거미줄에는
게으른 햇살도 한 점 걸리고
한눈 파는 바람도 한 점 걸리고
몸집이 작은 이슬 방울들도 걸린다.

아침 일찍
거미는 거미줄에 걸린 것들이 있나
두루 살피며 돌아다니다
거미줄에 걸린
이슬 한 방울 떠 마시고
햇살 한 줌 퍼서 온몸에 바르고
바람 한 줌으로 숨을 쉰다.

비밀번호

비밀이란 말은
이 세상 어느 누구에게도
들키고 싶지 않은
나 혼자만의 단어다.
그러나
비밀이란 말이 내 주위에 많을수록
나는 이 세상과
단절된 채 외톨이가 되는 거다.
내가 만든 비밀번호는
컴퓨터에, 인터넷 카페에, 통장에, 카드 사용시
없어서는 안 되는 숫자다.
비밀번호는 나를 기계 속으로 끌어들여
나를 길들이고 구속한다.
마치 알 수 없는 나라에 살고 있는
누군가가 나를 조종하는 것 같다.
비밀번호란 깊은 산중
전기가 들어가지 않는 곳에서는
아무 쓸모가 없다.
비밀번호란
정말 버리고 싶어도
버릴 수 없는 유산이다.

함박눈

탐스럽게 함박눈이 내린다.
함박눈이 내리는 날에는
바람 소리조차 잠이 든 모양이다.

고요한 숲
어느 오두막집 처마 밑에
내리는 함박눈은
발소리를 죽여 가며 내린다.

눈꽃이 되고 싶어
내리는 함박눈은
마른 꽃대궁 가지에
대롱대롱 매달려
한번 잡은 손을
놓을 줄 모른다.

대설주의보

대설주의보가 발령되었다.
이제 더 이상 내리는 눈은
낭만의 눈이 아니다.
설레임의 대상이 아니다.
비닐 하우스를 삼키고
지붕을 삼키고 마을을 삼키고
도시를 삼키고
처음에는 얌전하게 내리던 눈들이
폭도들로 변했다.
거리마다 하얀 폭도들이
보이지 않는 총과 칼을 들고
우리의 목숨과 재산을 노리고
마냥 설쳐대지만 속수무책이다.
지붕이 파묻힐 정도로
올해 유난히 눈이 많이 내리는 것은
맨날 시끄럽고
맨날 치고 받고 싸우고
거짓과 음모로 온세계를 떠들썩하게 만들고
하루도 조용할 날이 없는
우리들에게 내리는 하늘의 심판이다.
자연을 사랑하지 않고

파괴만 일삼으면
큰 재앙이 뒤따른다는
하늘의 경고다.

눈속에 파묻힌 마을

퍼붓는 눈속에 무릎까지 푹푹 빠져
제 한 몸 세우기도 버겁다.
몇날 며칠 쉬지 않고 내리는 눈

길은 숫제 눈속에 파묻히고
어디가 길인지
어디가 논인지
어디가 밭인지
도무지 알 수 없다.

대설주의보 내려진 마을에
길은 끊기고 오가는 사람 하나 없다.

누구를 기다리나
마을 입구에 서 있는
가로등불 하나
내리는 눈속에 파묻혀
깜박이는 눈꺼풀이 무겁다.

떠나가는 가을을 보며

세월의 무상함 속에 묻혀 살다보면
곱게 물들었던 가을의 정취도
저 멀리 떠나간다.
떠나가는 가을의 쓸쓸한
뒷모습은 아름답다.
멀리 떨어져 있어야
더욱 애뜻하게 그리워하듯
떠나가는 가을을 보며
이별을 못내 아쉬워 한다.
가을이 떠나버린
텅빈 들판을 걸으면
혈관 속 깊이 스며드는
고독 같은 것이
불쑥 고개를 내밀며 치밀어
오를 때가 있다.
아름다운 가을은 우리 곁에 없어도
마음만은 항상 가을 숲을 거닌다.
아직은 넉넉함이 살아있는
가을 숲 속에서
따사로운 가을 햇살
한 모금 받고 먹고 싶다.

희망에 대하여

희망을 말하면 물컹하다.
그러다가 이내 밋밋해진다.
희망 속에는
아무것도 없다.

희망이란 말은
아주 오래 전부터 만난 것 같이
낯설지 않다.
그러다가 돌아서면
절망 그 뿐이다.

참 알다가도 모를 일이다.
그런 일은 평생에 몇 번이나 될까?

연못에 비친 하늘
지구 저쪽 끝에서
이름 모를 별이 뜨고 있다.
희망이 뜨고 있다.

가을 억새밭

솜털구름처럼
뭉게뭉게 피어나는
가을 억새밭

억새밭 가득
억새풀들은 덩실덩실
춤바람이 났다.

동에서 바람이 불면
서쪽으로 일제히 눕고
서에서 바람이 불면
동쪽으로 일제히 눕는
절도 있는 군무

칼바람이 부는 언덕에
다른 초목들은 매서운 추위에
발을 동동 구르는데
머리칼 풀어헤친 억새풀들은
땀을 뻘뻘 흘리며
신명나게 춤을 춘다.
춤잔치를 벌인다.
내노라하는 춤꾼이 다 모였다.

떠나가는 가을

가을이 되자
점점 숨결이 가빠지고
뜨거운 가슴이 금세 달아올라
마냥 흔들거리는 갈대들도
허연 머리칼 풀어헤치며
온몸이 하얗게 시들어가고 있다.
가을이 되자
제비들도 떠날 채비를 하고 있다.
가을이 되자
사람들의 가슴을 온통
붉게 물들였던 단풍잎들도
한잎 두잎 떨어지고 있다.
가을이 되자
안개꽃처럼 은은하게
피어난 구절초 몇 송이
목숨이 위태롭다.
가을이 되자
누구에게나 자랑하고픈 분홍색 홍시감도
때깔이 점점 퇴색해지고 있다.
가을의 쓸쓸한 뒷모습이나

하염없이 바라다 보면서
나 이렇게 떠나가는 계절을
아쉬워하고 있다.

털에 대하여

면도를 하루만 안 해도
산적 두목처럼 얼굴에 시커멓게 수염이 난다.
보름만 면도를 안 하고 집을 나서면
아마도 산적이나 간첩이 출몰했다 신고하겠지.
구렛나루, 턱수염, 콧수염, 심지어 볼에도
털이 쑹쑹 난다.
아침마다 얼굴 전체에 난 수염들을
예리한 면도날로 싹뚝 싹뚝 잘라낸다.

대신 머리털은 아침마다
샴푸로 정성스럽게 감고 드라이로 말리고
가끔 예쁘도록 빗질도 하고
더러는 무쓰를 발라 반짝거리게 한다.

내몸에 난 똑같은 털인데
어쩌면 내몸에 난 털들은 모두 내몸의 일부일진데
머리부분에 난 털들은 대접을 받고
얼굴부분에 난 털들은 여지없이 난도질당한다.

머리에 난 털들은
한결같이 부드럽고 약하지만
날마다 면도날에 잘려나가는 수염들은

머리 털보다 더 빨리 자라고
쭈뼛쭈뼛 강하고 꺼칠꺼칠하다.
이건 분명 아침마다 죽음을 당하는
화가 난 털들의 반란이다.
생존 투쟁이다.

다시 또 가을에

단풍이 든다는 것은
사람으로 치면
흰머리가 나는 거나 마찬가지다.

황혼에 가까워져
노랗게 또는 빨갛게
물이 드는 단풍을 보고
그저 아름답다고만 말할 수 있을까?

단풍구경온 사람들이 다 떠나가고
텅빈 가을산에
가랑잎 구르는 소리 하나
내 귀를 간지럽힌다.

가을이 가고 발밑에 쌓이는
가랑잎을 밟으며
나는 또 어디로 가야 하는가?
다시 또 쓸쓸한 가을에.

안개 바다

새벽 안개 속에서
희미하게 보이던
먼 바다에 떠있는 섬들이 이리저리로
걸어다닌다.

새벽 바다를 건너온 파도가
하얀 속치마 자락을 끌며
불덩이 같은
아침 해를 길어 올린다.

허물어진 모래성을
밟고 지나가는
갈매기들의 작은 발자국마다
안개가 고이고

먼 바다에 떠 있는 섬 하나
아주 큰 하얀 보자기를 펴들고
안개 속을 미끄러지며
마구 쏟아지는 햇살들을
주섬주섬 주워 담는다.

제4부

섬이 된 사내

갈대 꽃

늦가을
찬바람이 쌩쌩 부는 싸늘한 강가에
갈대꽃들이 오래도록 만발하였다.
강가에 서면
내 가슴 한쪽에 갈꽃처럼 갸냘프게
흔들리는 내가 있다.
저녁때가 되어도
집을 찾아 돌아갈 줄 모르고
그저 향기도 하나 없는
갈꽃 속에 파묻혀
소슬바람만 불어와도
마구 흔들거리고 있다.

늙은 호박

호박꽃이 필 때면
사람들은 호박꽃도
꽃이냐고 비웃다가는
애호박이 열릴 때면
호박밭을 기웃거린다.

주먹덩이 만한 애호박을 따서
듬성듬성 썰어넣고
풋고추도 넣고
된장을 끓이거나
아니면 호박전을 붙여 먹는다.

호박이 중간쯤 클 때면
누구 하나
거들떠보지도 않는다.

호박이 누렇게 익으면
인기가 높다.
누런 호박을 썰어 꼬지를 만들어
말렸다가 호박떡도 해먹고
겨우내 썩지 않게 두었다가
약으로 쓴다.

늙어서 비로소 쓸모가 있는
누런 호박 한 덩이

나도 늙어서
늙은 호박처럼
누군가에게 가치있는 삶을 살고 싶다.

외롭다는 것은

허공을 혼자 날고 있는 새는
얼마나 외로울까?
들판에 혼자 피어나는 꽃은
또 얼마나 고독할까?
외롭다는 것은 그 무엇인가를
조용히 기다리는 시간
외로운 사람은 특별히 사무치게
그리운 사람도 없는데
살랑이는 바람의 속삭임에도
눈물 짓는다.
외로움이란 머나먼 외딴 섬에 홀로 서서
망망대해를 하루 종일 바라다 보는 것.
진정 외로운 사람은
수많은 인파 속에 섞여 있어도
외로움이 좀처럼 가시지 않는다.
외롭다는 것은 끝간데 없이
텅빈 가슴 한구석에 핏빛 같은
진한 그리움이
한없이 파고 드는 것.

늦가을 실루엣

찬비 내리는 가을날
후두둑 떨어지는 단풍잎처럼
이루지 못한
못다 한 사랑도
낙엽따라 가버렸다.

휑하니 가슴을 훑고 지나가는
가을비 찬바람처럼
아련한 추억만
텅빈 가슴에 남는다.

이 세상 끝날 때까지
가장 깊은 기억 속에
누가 볼세라
꼭꼭 숨겨 놓은
아픈 사랑.

이젠 무성했던 지난 날 옛 사랑도
희미한 기억 속으로 사라져 가고
늦가을 실루엣처럼
앙상한 가지만 남았다.

길

어제의 시간을 뒤로 한 채
늘 새로운 하루를 시작하지만
어제 걷던 길을 오늘도 또 걷는다.
어느땐 곧은 길을 걷지만 때로는
어머니 삶처럼 꼬불꼬불 이어진 오르막 길을
뚜벅뚜벅 걸을 때도 있다.
어느땐 문득 내 앞에 놓여있는
길들이 모두 사라져 버려
오도가도 못하고
벼랑 끝에 서서 서성거릴 때도 있다.
오늘도 걷는 질척이는 길 위에
추적추적 비가 내린다.
나무 가지 위에 내려앉지 못하고
땅에 떨어진 채 눈 부릅뜨고
발 밑에 쌓이는 빗방울 몇 개
그게 바로 오늘
내가 걷는 길에서 만나는 말동무다.

섬이 된 사내

외딴섬처럼 너무 외로워
가슴 한 쪽이 허물어진 사내는
섬이 되어 간다.

그가 사람들 틈에 끼어 있으면서
섬이 되어
바다 한복판을 외롭게 서 있어도
세상은 아무 일 없었다는 듯
섬이 된 그를 알지 못한다.
다만 그 자신 혼자
섬이 되어 살아갈 뿐이다.

외로움에 지친 그는
섬이 되어 사람들 틈에서
점점 멀어져 간다.

그리운 것들을 가슴에 담고

고향 들녘으로 가보면
잊혀졌던 것들을 만날 수 있다.
꿈속에서도 그리운 것들은
소중한 추억들을 간직하고
모두 그 자리에 그대로 있구나.
내가 잊고 사는 사이
이름조차 기억 할 수 없는 것들이
옹말종말 새끼를 치고 번식하여
허물어진 돌담 사이로
새롭게 터를 잡고 자라 났구나.
고향을 떠나 있는 동안
시간은 나에게서 너무 멀리 떠나가 버렸고
가슴 안에 늘 보듬고 살아온 그리운 고향
날마다 바쁘게 돌아가는 일상 속에서
문득 문득 가슴을 치고 올라 오는
그리운 것들.
나를 반기는 고만고만한 것들 중에서
무엇부터 가슴에 담아 가지고 와야 할 지.

장미의 눈물

햇살 속에서 아름다움을 뽐내던 장미가
꽃병 속으로 들어왔다.
꽃병은 잠못 이루고
장미의 눈물을 닦아 주었다.
장미의 상처를 온몸으로 감싸주며
꼬옥 안아 주었다.

며칠이 지나자
그 곱던 장미의 살갗이 다 터지고
꽃잎마다 반점이 번져왔다.

머잖아 흔적도 없이 사라질
장미의 아름다움.

꽃병은 밤새 어둠을 밝히고
거친 세상의 바람막이가
되어 주었지만

결국 장미는 떠나고
꽃병 속에는
장미의 슬픈 눈물만 덩그러니
남아 있구나.

꽃을 피우는 까닭

저 들판 초목들이
꽃을 피우고 열매를 맺는 일은
얼마나 아름다운 일인가?
꽃을 피우는 일은
화려한 제 모습을 세상에 보이기 위함이 아니라
사람이 아이를 잉태하는 것과 같은 것.
꽃이 필 때면
아무도 보지 않을 때
아니 다른 사람에게 들키지 않게
아주 은밀하게 피어 오른다.
이쁜 꽃들이 지고 누구도 관심이 없을 때
슬며시 열매를 맺는다.
초목들은 꽃을 피우는 일보다
열매를 맺는 일이 더 중요한 일이다.
튼실한 앨매가 잘 자라도록
한 여름 땡볕을 이겨내며
모진 비바람을 이겨내며
모든 아픔을 참아내며
속으로 속으로 진한 눈물을 키워 낸다.

연꽃 한 송이

연꽃잎 위에선
햇살도 또르르 미끄러진다.
물안개 피어오르는 물 위로
갓 피어난
연꽃 한 송이

궁남지를 휑하니
한 바퀴 돌고 돌아
강둑길로 나선다.

고향집 토방 마루에 걸터 앉아
떠오르는 붉은 달을
올려다 보면
그 안에서 환하게 웃으며
피어나는
붉은 연꽃 한 송이.

개구리 우는 마을

내 살던 시골집
여름밤만 되면 개골개골
개구리 울음소리가
마을을 통째로 삼킨다.
어둠을 삼킨다.
달빛을 삼킨다.

어느 누구도
흉내 낼 수 없는
한 여름밤의 오케스트라 하모니

고향을 떠나
삭막한 도회지에 살면서
개구리 울음소리를 듣게 되어
얼마나 행복한지 모른다.

이 생각 저 생각으로
잠 못드는 여름 밤
허전한 가슴 한 켠을
알 듯 모를 듯한
그리움으로 채워주는
개구리 울음 소리.

시간은

시간은 그 누구도
미리 가불해서 쓰거나
저축할 수 없다.
시간은 남에게 꾸어주거나
빌릴 수도 없다.
오늘도 나는 하는 일 없이
금싸라기 같은 시간을
마냥 흘러 버리고 만다.
시간은 한번 흘러간 강물처럼
영영 되돌아 올 수 없다.
시간은 앞에서 오는 것이 아니라
뒤에서 오는 것이다.
시간은 내 등 뒤에서
자꾸 나를 어서 가라고 밀어 붙인다.

어머니

어머니가 계신 곳에는
작은 들꽃이 만발하겠지요.
지금도 아주 멀리 계신 어머니를 생각하면
가슴이 메어 집니다.
무던히도 참았던 그리움이
앞을 가리고 내 눈가에 맺혀있는
작은 이슬 방울들이 눈물이 됩니다.
어머니를 그리는 눈물은
이슬보다 영롱하지는 않지만
어느 핏물보다도 더 진하답니다.

금강 물새

아무리 험준한 산도 강을 만나면
다소곳해진다.
산과 산 사이로 난 넓은 길이 바로 강이다.
산수유꽃 피는 산마을을 꺾어
흐르는 강물의 뒷모습은 언제나 쓸쓸하다.
그 쓸쓸한 강의 모습에 쭉쭉 선을 긋고
날아가는 물새 한 마리 갑자기 풍경이 그윽해진다.
강물을 짝짝 갈라 놓는
물새의 쩌렁쩌렁한 울음 소리
이제 갓 태어난
아침 햇살처럼 눈이 부시다.

나는 지금 바다로 간다

나는 어려서부터 그림 속의 바다를 보며
바다를 동경해 왔다.
그 바다엔 섬이 하나 있고
갈매기가 날고
어선이 한 척 그려져 있었다.
내가 꿈꾸는 바다에서는
나는 물고기도 되지 못한다.
나는 새도 되지 못한다.
나는 파도도 되지 못한다.
나는 오로지 드넓은 바다
한가운데 작은 섬이 되어
오래도록 바다에 떠있기 위해
나는 지금 바다로 간다.

5월의 노래

계절의 여왕 5월
그녀의 짙은 눈썹 사이로
싱그런 바람이 분다.

살짝 드리워진
휘장 속에
감추어진 알몸을
보일 듯 말 듯
내비치는 5월

장미 한 송이 머리에 꽂고
대지는 온통 그녀에게
초록빛 옷을 새로 입힌다.

새싹에게

나올까 말까
나올까 말까
밖은 아직 추운데
안에서는 빨리 나가라
아우성이다.
톡!
있는 힘을 다해 세상 밖으로
나오거라.
세상이 온통 네 것이란다.

처음 느낌 그대로

무슨 일이든
처음 느낌 그대로
설레이는 마음
때묻지 않은 마음을
끝까지 가져가야 합니다.

시간이 지날수록
처음 시작할 때 느꼈던
각오와 희망이
퇴색되거나 변질되어서는 안됩니다.

무슨 일이든
처음 느낌 그대로
무리한 욕심을
부리지 않아야 합니다.

처음에 가졌던 설레임을
가슴 속 깊이 새길 때
처음처럼 한결같은 마음이
보석처럼 오래도록
빛이 날 것입니다.

동백꽃

동백꽃은
우리 몸에 흐르는 피처럼
선분홍색 빛

바닷가 한적한 곳에
남 몰래 피어나도
그 진한 향기에 취해
사람들이 발길이
끊이질 않는다.

동백꽃이 질 때면
꽃 이파리가 나풀나풀 하나 둘
떨어지는 것이 아니라
모가지가 뚝 부러져
꽃 전체가 한꺼번에
지고마는
목숨같은 꽃.

차 한 잔을 마시며

할 일이 산더미같이
쌓여 있을 때
잡다한 생각으로
머리가 지끈거릴 때
일이 술술 풀리지 않을 때
괜히 마음이 급해질 때
하는 일 없이 빈둥거릴 때
차 한 잔을 마신다.

차 한 잔을 마시며
가쁜 숨을 고르기도 하고
차 한 잔을 마시며
생각을 다시 정리하기도 하고
차 한 잔을 마시며
멍하니 흘러 가는 구름을
쳐다 보기도 하고.

차 한 잔을 마시며
복잡하던 일상을 접는
그 짧은 시간 속에
잠시 잊었던 나를 되찾는
명상의 시간이 된다.

사라져 가는 것은 아름답다

연분홍 벚꽃이 떨어지지 않고
항상 나무에 붙어 있다면
사람들은 벚꽃 구경을 가지 않는다.

활짝 핀 벚꽃들도
한 열흘쯤 지나면 아쉬움 속에서
하나 둘 흩어져 떨어지고 만다.

사람도 결국 나이가 들면
늙고 쇠잔해져 간다.
사람이 늙지 않고 영원히 산다면
무슨 재미로 살겠는가?

이 세상 가는 곳곳마다
사람들이 넘쳐나
발디딜 틈도 없이
말 그대로 이 세상은
살아있는 생지옥이 될 것이다.

사라져 가는 것들에 대해
아쉬워 하지 마라.

꽃도 시간도 사랑도 사람도
결국 사라지고 마는 것을

사라져 가는 것은
또 다른 것들을 잉태하기에
정말 아름다운 것이다.

반지

반지는
어떤 약속이기도 하다.
어떤 징표이기도 하다.
조금씩 손가락이 커갈 때마다
반지도 커져야 한다.
조금씩 믿음이 커질 때마다
약속의 의미도 커져야 한다.
비록 반지가
하나의 손가락에 끼여 있지만
약속으로 온몸을 칭칭 감는다.
사랑으로 온 마음을 칭칭 동여 맨다.

혼자 먹는 저녁

숟가락 하나
젓가락 둘
밥 그릇 하나
국 그릇 하나
반찬 두 가지

국에 밥을 말아 후루룩
금세 비워지는
밥 그릇
국 그릇

넓은 창문으로
스며드는 바람소리 따라
방안으로 기어 들어온
차가운 달빛 하나
포개놓은 그릇 위에
앉아 있다.

봄 햇살

봄 햇살은
살랑살랑 봄바람을 타고
옷깃이 땅 위에 스치듯
사뿐사뿐 맨발로 걸어 온다.
논두렁 밭두렁을 건너 온
봄 햇살의 발바닥엔
흙 내음이 묻어 있다.
실날 같은 봄 햇살은
노랗게 피는 산수유 꽃잎을
뒤집어 보기도
나물 캐는 소녀의 등허리에
앉아 졸기도 한다.
온 들판을 헤집고 다닌
봄 햇살의 바지 가랭이에
풀물이 들어 있다.

하늘을 우러러

가벼운 깃털처럼
맑은 하늘을 자유롭게 거니는
구름처럼 살고 싶다.
하늘 가득 떠다니며
흔적도 없이 내게 보여주는
바람의 투명한 뒷덜미
하늘을 우러러보며
온 세상을 밝게 비추어 주는
반짝이는 별빛처럼 살고 싶다.
그리움의 향기가 물감처럼
뚝뚝 묻어나는 산등성이에
파아란 하늘이 걸려 있다.
푸른산 속엔 나무들의 숨소리들로
가득 차 있다.
눈물의 땅, 애증의 땅을 걱정어린
시선으로 내려다 보면서도
하늘의 표정은 언제나
잔잔한 바다처럼 고요하다.
언제나 하늘은 맑은 눈으로
이 땅의 모든 것들을 사랑으로 감싸준다.

제5부
봄을 타는 여자

봄 햇살은 나비등을 타고

봄햇살이 나비등을 타고
살랑 살랑 날아 옵니다.
노랑 나비는 노란 꿈을 달고서
하양 나비는 하얀 꿈을 달고서 옵니다.

내리 쬐는 봄햇살을 온몸으로 받자
나비의 고운 숨결이
더욱 아름답게 느껴집니다.

반쯤 감기운 눈으로 봄들판을 바라다 보면
겨우내 아무런 소식조차 없던 그대가
나비같이 홀연히 나타나
아지랑이를 타고 가물 가물
내게로 다가 오는 것 같습니다.

봄햇살이 가득
나비등을 타고 내게로 와
축 쳐진 내 어깨를 감싸 줍니다.

하늘 호수

작은 연못은
하늘을 담는
작은 호수

작은 호수는
하늘을 찍어내는
사진사

작은 호수는
하늘을 나는 새는 물론
하늘의 마음까지
찍어 낸다.

하늘의 마음이
불편할 때에는
호수도 얼굴을 찌푸리고
하늘의 마음이
편안할 때에는
호수의 표정도 밝다.

하늘을 떠다니는 구름도
어느새 작은 연못 속으로
빠져 들고

하늘 호수 속에는
희뿌연 하늘이 내려와
흐린 마음을 닦고는
다리를 쭉 뻗고 누워
쉬었다 간다.

벚꽃 구경을 가시거든

벚꽃 구경을 가면
말없이 꽃잎만 헤아리다 돌아 오겠지요.
벚꽃 구경을 가시거든
수많은 하얀 나비 떼처럼
나뭇가지에 앉아 있는
벚꽃을 바라보며 탄성만 지르지 말고
고요히 벚꽃 속으로 걸어 들어가
벚꽃이 되어 보세요.
가만히 귀 기울여
꿈결같은 나비의 숨결을 느껴 보세요.
벚꽃 향기에 취해 졸다
혼자 걸어 나오는
환하게 빛나는 당신을 만나 보십시오.
또한 벚꽃은 나뭇가지에 맺혀 있을 때보다
눈처럼 나풀거리며 떨어질 때가
더욱 아름답습니다.

별2

사람이 죽으면 별이 된다.
촘촘히 박혀 있는 수많은 별
사람들의 목숨이 빛으로 승화되어
영롱히 빛난다.

핏기 잃은 한 여자가
작은 창문으로
밤하늘을 올려다 보며
별을 꿈꾼다.

벚꽃 나무 아래에 서면

벚꽃이 활짝 핀 나무 아래에 서면
내 존재조차도 까맣게 잊어 버린다.
그저 아무 생각도 하지 않아도
눈부심이 꿈결로 다가와
저절로 음악이 되고
시가 되어
내 가슴 속에 들어와 앉는다.
벚꽃 나무 아래에 서면
새하얀 요정들이 나풀나풀 춤을 추며
날리는 화사한 웃음소리가
내 귓전에 가득하다.

봄을 타는 여자

봄이 되면 왠지 떠나고 싶다.
특별히 갈 곳도 없이 떠나고 싶다.
새봄은 늘 그녀를 설레이게 만든다.
여자들의 작은 가슴을 마냥
콩콩콩 뛰게 만드는
이 몹쓸 봄날
길을 가다가
성냥골만한 풀꽃을 보아도
가던 길을 멈추고
진한 향기를 맡는다.
봄을 타는 그녀의 가슴속에도
조그마한 꽃을 피운다.
아무도 모르게
조그마한 사랑을 키운다.

이불을 널며

지리한 여름 장마가 지나가고
그 동안 처박아 두었던
이불을 꺼내 옥상에 펴 넌다.

이불 속에서
습기가 차 있는지
매캐한 냄새가 난다.

햇살이 쨍쨍 내리쬐는 날
빛 잘 드는 곳에 펴놓고는
눅눅함과 곰팡이 냄새도
모두 다 날려 보내야 한다.

여름 내내
끈적끈적 뒤 따라 다니는
마음 속에 가라앉지 않는
그 무엇들도 함께 펴 넌다.

쓸쓸한 저녁에

저녁 어스름이 슬며시 내려올 때면
이 세상은 정말 쓸쓸해집니다.
새들도 둥지로 찾아 들고
들짐승도 쉴 곳을 찾아 떠나 갑니다.
저녁 어스름이 어둑어둑 내리면
왠지 모를 공허감만이 가슴속 깊이 쌓입니다.
산다는 일은 생각할수록
부질 없고 적막 강산에
나 홀로 버려진 듯한 고독감이
온몸을 휘감고 돕니다.
사위가 분간 못할 정도로
더 진한 어둠이 내리면
오히려 불안감이 사라지고
왠지 마음이 편안해집니다.
나이가 들면 쓸쓸함조차도 사랑해야 되며
적막함에도 길들여져야 되나 봅니다.
어느새 세상은
온통 어둠에 휩쌓입니다.

아버지의 집

노인들은 무덤을 집이라고 부른다.
아버지는 칠순을 넘기시자
집을 갖고 싶어 하셨다.
"누구는 치표를 해서 비석까지 세워놨다더라."
그런 사람들을
은근히 부러워하시던 아버지.

양지 바른 남향 산자락이면
더욱 좋을 거라고 하시던 아버지.
산을 한 평도 갖지 못한 나는
"아버지가 돌아가시면
어데 모실 데가 없겠어요?"
하면서 얼버무린다.
그러던 중 어머니가 먼저 돌아가셔서
종산 양지바른 남향에 산소를 썼다.

어머니 산소 곁에
아버지 산소를 치표를 하자
비로소 안심이 되신 모양이다.
중풍으로 서너 해 고생하시더니
아버지는 어머니 곁으로 떠나셨다.

나이가 들면
자기가 죽어서 묻힐 집이
궁금한 모양이다.

한 걸음 내디디면

생각이 모든 길을 만든다.
세상 모든 일을
주저 주저 하다가도
한 걸음 내디디면
새로운 길이 시작이 된다.

모르는 사람도
한 걸음 더 내디디면
굳게 닫아 놓았던 마음의
빗장도 열어준다.

그리 멀지 않은데
다가갈 수 없는 곳도
우두커니 서서 바라만 보면
절대 그곳에 이를 수 없다.

아이고 힘들어 가던 길도 멈추고
휴우 긴 한숨 한번 몰아쉬고는
그 자리에 주저 앉으면
더 이상 한 발자국도
나갈 수가 없다.

파르르 곱게 피어난 난초꽃도
서녘 하늘로 번져가는 노을도
아득하게만 느껴지는 먼 바다도
한 걸음 내디뎌 가까이 가면
내 눈 속으로 들어 온다.
바로 내 것이 되는 것이다.

내 본래 모습은

내 본래 모습을 상상해본다.
이발도 하지 말아야 하고
면도도 하지 말아야 하고
화장도 하지 말아야 하고
손톱 발톱도 깎지 말아야 하고
안경도 쓰지 말아야 한다.
내가 태어난 그대로
내 몸을 유지하는 것이
내 본래 모습이 아닐까?
물론 이발도 하지 않고
면도도 하지 않으면
원시인에 가깝겠지만
번지르르 제 얼굴에 포장하고
사는 것보다는 낫지 않을까?
이발도 면도도 하지 않은 채
갓 쓰고 상투 꼽고 도포자락 휘날리며
깊고 깊은 산속에
고즈넉히 혼자서 살고도 싶다.

초가집

어릴 때 살았던
초가집이 그립다.
뒤곁에는 장작더미가 쌓여 있고
모락모락 저녁밥을 짓는 연기
울타리 밑으로 쏴쏴쏴 소낙비처럼
날아들던 참새떼
부엌에선 밥이 익는 고소한 냄새
솔솔 피어 오르고
어서 저녁밥 먹으라고 부르시는
어머니의 목소리가 그립다.

아버지의 신발

걷지 못하는 사람에게 신발이 필요할까?
3년 동안 중풍으로 누워 계신
아버지의 신발을
버리지 못했다.

너무 연로하셔서
병석을 훌훌 털고 일어나
다시 걷기는 힘든 일이었지만
아버지의 신발을
가지런히 모셔 두었다.

아버지는 끝내
일어나지 못하셨고
아버지의 신발들을
결국 땅속에 고히 묻었다.

가끔씩 뒷짐을 지고
동네 한 바퀴를
휑하니 돌아오시던
아버지

저승에서도 신발을 신고
하늘나라 이곳 저곳을
나들이 다니실까?

가을은 빨간색을 좋아한다

양철 지붕에 널려있는
고추들이 빨갛다.
빛깔 고운 햇빛을 받으며
바싹 마른 고추에선
단내가 난다.

깊고 푸른 가을 하늘을
수놓은 듯
빙그르 춤을 추는 고추 잠자리들의
꼬리도 빨갛다.

소슬 바람에 사각거리는
단풍나무 숲의 눈부신 풍경도
온통 빨갛다.

더러는 노란색으로
가을 들판을 치장 하기도 하지만
가을은 빨간 색을 무척 좋아하는가 보다.

고추가 널려있는 풍경이든
고추잠자리가 맴도는 풍경이든

빨갛게 물들어가는 단풍잎들의 풍경이든
그 중 아무거나 한 폭을 담아다가
거실 한 쪽에 걸어두고 싶다.

낙엽이 가는 길

노오란 은행잎들이 떨어져 뒹군다.
바람이 부는 대로 송사리떼처럼
우르르 몰려왔다 우르르 사라진다.
가을비가 내리고 찬바람이 불면
우수수 땅에 떨어진 낙엽들이
제 그림자를 밟아가며
저승으로 가고 있다.
떨어져 나뒹구는
낙엽 하나를 골라 집어 들면
서러운 눈빛으로 나를 올려다 본다.
저 고운 단풍잎들도 결국 다 떨이져
한번 가서는 돌아오지 않는다.

가을이 오면

아직 뜨거운 여름날의
정념이 남아있는 들판에
이름모를 가을 꽃들이 피어나고
갈대숲에 숨어살던 소슬바람 소리
슬며시 고개를 내민다.

낮은 목소리로 조용히
흐르는 강물 위에
흐드러지게 피어나는
은은한 달빛을 즈려 밟고
가을이 온다.
가을이 내려 온다.

먼산 단풍이 울긋불긋 들고
가을 바람의 하얀 종아리
속살 내비치는 둑길 위를
무작정 걷노라면
가슴 가득 뜻 모를
그리움이 일렁이고
어데론가 정처없이
떠나 가고 싶다.

가을 들녘

축 늘어진 벼 이삭들이
바람에 출렁거릴 때마다
가을 들녘은 더 아름다웠다.

벼 포기 사이 사이로
따가운 햇살이 내려와
아이들처럼 좋아라
깡총 깡총 뛰어 놀고 있다.

풋고추를 찍어가며
논두렁에 앉아
새참을 먹는 아버지의
구리빛 얼굴에 생기가 돌고.

풍년을 예감하는
가을 들녘에는
아버지 꿈들이
하나둘씩 영글어
훈장처럼 빛나고 있다.

백담사 가는 길

세상에 길이 험하기로 서니
이리 꼬불 저리 꼬불
돌부리에 걸려 넘어지면
다시 일어나 걷는다.
산길을 오를수록
심장 박동수는 빨라지고
백담사 오르는 길
옆 계곡물 소리가 끝없는
번뇌의 깊고 깊은 곳으로
나를 끌고 간다.
방금 올라온 길을 뒤돌아 보면
구비구비 오르막길이
구름처럼 허공에 떠 있다.
그리움도 기다림도 미움도
모두 백담곤에 졸졸 흐르는 물에
하얗게 부서지는 물거품 같은 것.

담쟁이

차디차고 황량한 담장이라도 상관없다.
씨앗 한 톨 자라지 못하는
가파른 벽이라도 괜찮다.
담쟁이는 허공에 길게 손을 뻗쳐
아무거나 잡히면 잡히는 대로
안간힘을 써서 기어 오른다.
지붕이 가까워져 좋다.
하늘이 가까워져 좋다.
구름이 가까워져 좋다.
아무도 눈길 하나 주지 않아도
손과 손을 마주잡고
담쟁이는 쉬임없이
저 높은 담을 넘는다.
누구도 넘을 수 없다는
벽을 기어이 기어 올라
제 가는 길을 남긴다.
담쟁이는
오로지 하늘의 끝을 찾아 오르고
또 오르는 것이다.
담쟁이는 한번 마주 잡은 손을
평생 놓을 줄을 모른다.

제6부

바람이 아는 것

가을 장마

올가을은 유난히 비가 자주 왔다.
곰팡이 냄새같은 음습함이 찾아 온다.
어디서 들어왔는지
눅눅함이 나보다 먼저
이불 속으로 들어가 누워 있다.
하늘은 창문을 안으로 잠그고
나는 어둑함 속에서
초가을 한 철을 보냈다.
머리 끝까지 묻어 나는 고독같은 미열
온몸이 지끈지끈 아파왔다.
언제쯤 저 구름낀 하늘을 열어 젖히고
태양을 볼 수 있을까?
우르르 꽝꽝 천둥 소리와 함께
햇살 한 줌이 번개처럼 스치고 지나 간다.

바다가 보이는 산길

바다가 보이는 산길은
언제나 여유롭다.

바다로 이어지는지
산으로 이어지는지
알 수 없지만
바다가 보이는 산길은
호젓해서 좋다.

아래로 내려가면
파도가 넘실거리는
푸른 바다가 있고
산으로 올라가면
바다가 더 잘 보이는
언덕이 있어 좋다.

새소리
바람소리
파도소리가 들리는
바다가 보이는 산길은
외롭지 않아서 좋다.

바다가 보이는 산길
아무도 모르는 곳에
산새알, 물새알처럼
파도소리가 모여 산다.

바다가 보이는 산길에는
산새들의 이름 모를
그리움이 모여 산다.

가을이 오면

아직 뜨거운
여름날의 정념이 남아있는 들판에
이름 모를 가을 꽃들이 피어나고
갈대 숲에 숨어 살던 소슬바람 소리
슬며시 고개를 내민다.
낮은 목소리로 조용히 흐르는 강물 위에
흐드러지게 피어나는
은은한 달빛을 즈려 밟고
가을이 온다. 가을이 내려 온다.
먼산 단풍이 울긋불긋 들고
가을 바람의 하얀 종아리 속살이
내비치는 둑길 위를
무작정 걷노라면
가슴 가득 뜻 모를 그리움이 일렁이고
어데론가 정처없이 떠나가고 싶다.

소나기

오뉴월 느닷없이 내리는 소낙비는
목타는 대지의 갈증을 풀어 준다.
호박잎에 후두둑 내리는 빗소리
유리창에 따다닥 부딪치는 빗소리
초가지붕에 쏴쏴 미끄럼을 타는 빗소리
추녀 끝으로 똑똑똑 떨어지는
빗소리가 정겹다.

바람이 아는 것

바람은 이 세상 어느 곳이든
안 다니는 곳이 없다.
머나먼 나라 산골짜기 작은 집에
누가 사는지 바람은 다 알고 있다.
아무도 모르는 나무 그늘 아래에서
나누는 연인들의 속삭임도
바람은 다 알고 있다.
바람은 어디든지 다니면서
안 살펴보는 것이 없다.
어스름 달빛에
살짝 얼굴 내미는 갈대들에게
어서 빨리 자라라고
용기도 주고
두메나 산골 너무 외로워
눈물 찔끔 흘리는
시골 처녀 순이 얼굴에
간지런 웃음 하나 던져놓고 간다.

바다

바다 그 넓은 가슴으로
덥석 지구를 통째로
껴안은 채
아직도 놓아줄 줄을 모른다.

내 안에 두 마음

내 안에는 언제나 두 마음이 있다.
하나는 밝고 고운 마음이며
다른 하나는 어둡고 칙칙한 마음이다.
어둡고 칙칙한 마음이 내 안에서 강해지면
안 되는 줄 알면서도
내 몸이 그 마음을 따라 간다.
밝고 고운 마음이 내 안에서 강해지면
어둡고 칙칙한 마음도 하는 수 없이
밝고 고운 마음을 따라 나선다.
그러나 두 마음이 양보를 못하고
서로 자기 길로 가자고 할 때
나는 갈등을 느낄 수 밖에 없다.
한동안 나는 갈등 속에서 헤어 나오질 못한다.
내 마음이 밝고 고운 마음일 때에는
좋은 사람이라는 말을 듣지만
글을 쓰는 데에는 별로 도움이 못된다.
좋은 글은 갈등과 번민 속에서 나오기 때문이다.
내가 어느 쪽에 무게를 두느냐에 따라
내 인생도 글도 그렇게 달라진다.

흐르는 강물처럼

세월은 쏜 화살처럼 지나가 버린다.
강물은 무덤덤하게 오래된 침묵을
잘도 견디며 흐른다.
강물이 더디게 흐르는 것 같지만
생각처럼 느리지도 않다.
강가에 멈추어 서서 강물처럼
누워 흐르고 싶다.
어느 누구도 이미 흘러간 강물같은
세월을 거슬러 올라갈 수는 없다.
나도 흐르는 강물처럼
흐르고 흐르다가
한번쯤은 깊고 깊은 바다
한복판 휘몰아치는 격랑에 휩쓸려
허우적거려 보고 싶다.
깊은 절망에도 빠져보고 싶다.
우리 생은 강물처럼
그렇게 흐르고 흘러
결국 알 수 없는
깊고 깊은 심연의 바다에
이르고 마는 것.
어느 누구도
그 흐름을 멈출 수 없는 것.

바람쐬러 가는 바람처럼

바람 쐬러 가는 바람처럼
할 일 없이 길을 나섰다.
잔설이 애처로이 하얗게 이를 드러내고
따사로운 해살에 히죽히죽 웃고
싱그런 풀내음 스며드는
송사리떼 희살대는
실개천을 따라 바람쐬러 간다.

이름 모를 풀들이 앞다투어
쏘옥쏘옥 얼굴을 내밀고
한바탕 어울어지는 봄빛 속을
봄바람이 살랑살랑
기억의 책장을 한 장 한 장 넘긴다.
그럴 때마다 봄향기가 폴폴 풍겨 나온다.

바람쐬러 가는 바람처럼
할일이 없어
봄잠에 취해 나무 그늘에 앉아
눈을 감으면
멀리서 오는 새봄이 눈에 가득하다.

굴비 한 두름

듬성 듬성 새끼줄로 엮어
처마 밑에 매어놓은
굴비 한 두름

푸른 바다가 그리워
부릅뜬 눈망울 사이로
파도 소리가 지워지고 있다.

더러는
아이들 밑반찬으로 빠져 나가고
더러는
아침 찬거리로 빠져나가고

굴비가 빠져 나간
텅빈 새끼줄 사이로
굴비의 슬픈 그림자
한 두름이
끼어 들고.

그리움의 향기

그리움은 보고 싶어도 참는 거다.
그리움은 누군가를 끊임없이
마음속으로 좋아하는 거다.
그리움은 그 무엇을
애타게 기다리는 거다.
그리움은 아무런 대가를
바라지도 않고
누군가를 지독히 사랑하는 거다.
보고 싶어도 참고 있다가
그리워도 참고 있다가
그 보고픔이, 그 그리움이
마침내 눈물이 되면 그땐
비로소 그리움이 향기가 된다.
누군가를 지독히
그리워해 본 사람은
그 무엇인가를 지독하게
기다려 본 사람은
그리움이 눈물로 변한다는
사실을 알고 있다.
사랑은 불꽃처럼
순간적으로 일어나지만 그리움은
두고 두고 가슴속에 묻어둔

비밀처럼 그렇게 아주 은은하게
조용히 다가오는 거다.
그리움의 향기는
혼자 사랑하는 마음처럼
꼭 그리워하는 누군가에게
전해지지 않아도 좋다.
그리움의 향기는 별처럼
가슴속에만 꼭꼭 숨어 있어
혼자서 느낄 수 있는
은밀한 사랑이다.

아름다운 눈으로

비가 내리는 날은
비가 와서 좋고
눈이 내리는 날은
눈이 와서 좋고
햇볕이 쨍쨍 내리쬐는 날은
햇살이 밝아서 좋다.

삼백예순 다섯 날
날마다 날마다
다람쥐 쳇바퀴 돌 듯
사는 인생이지만
날마다 아침 저녁으로
기온이 다르고
하루 종일 기분도 다르다.

풀 한 포기
개미 한 마리
꽃 한 송이 모두
아름다운 삶을 위해
올곧게 살아간다.

아름다운 눈으로 세상을 보면
모든 것들이 다 아름다워 보인다.
아름다운 눈으로 세상을 보면
그 아름다움의 중심에
내가 서 있다.

실루엣

비가 내리는 날
못다 한 말
못다 부른 노래가
빗물처럼 텅빈 가슴 속으로 내린다.
머잖아
한 잎 두 잎 지는 낙엽처럼
아픈 추억은 차츰 사라지고
벼 베기가 끝난 빈 들녘에
슬픈 그림자
고즈넉한 바람처럼 놓이리.
이별이라는 것은
결국 아주 조용히 조용히
아픔이 되어 가슴 깊은 곳으로
스며 드는 것.
이젠 곱디 곱던 색깔도 사라진
슬픈 실루엣
누군가 조금만 건드려도
우수수 아픈 잎새들을
모두 떨군 채
슬프고도 앙상한
뼈대만 남아 있다.

■ 나의 문학 나의 인생

외롭게 지낸 어린 시절

나는 어려서부터 혼자 놀기를 좋아하였다. 우리 집 뒤꼍에는 대숲이 있었고 그 주변에는 왕소나무 숲이 자리 잡고 있었다. 아마 2백년은 족히 넘었을 할아버지 소나무들이 즐비하게 늘어서 있었다. 나는 틈만 나면 왕솔 밭에 가서 놀았다. 왕솔 밭에는 묘가 하나 있었는데 그 곳에 있는 상석은 좋은 쉼터였다. 햇살에 따끈따끈하게 데워진 상석 위는 마치 들마루처럼 앉거나 눕거나 뒹굴 수도 있어 좋았다. 나는 그곳에 혼자 누워 하늘을 생각하고 우주를 생각했다. '과연 우주의 끝은 있을까?' , '지구가 멸망한다면 다른 별로 피난을 갈수는 없을까?' 등등 곧잘 공상을 하곤 하였다.

초등학교 시절에는 소문난 악동이었다. 그러다보니 공부는 뒷전이었고 학교 공부가 파하기 무섭게 앞산 뒷산, 냇가에서 해가 지는지도 모르고 놀았다. 여름에는 냇가에 가서 살다시피 했으며, 겨울이 되면 얼음이 꽁꽁 언 논에서 맨날 썰매를 지치며 실컷 놀곤 하였다. 어떤 때에는 새집을 찾기 위해 이 산 저 산을 누비고 다녔으며, 심지어 나무 꼭내기에 있는 새집에 까지 올라가다가 그만 발을 헛디뎌 땅 바닥으로 떨어지기도 하였다.

내 고향은 하늘만 빤히 보이는 두메산골이다. 얼마나 촌구석이었든지 지금은 폐교가 되어 버린 초등학교, 초등학교 시절에는 책을 읽고 싶어도 읽을 책이라고는 만화책이 전부였다. 마침 그때 베트남 전쟁 중이라서 전쟁 만화가 주류를 이루었다. 나는 그때도 책을 좋아해 만화책을 닥치는 대로 읽었다. 중학교에 들어 갔을 때 처음으로 도서관이라는 데를 가보았으나 읽을 책이

별로 없었다. 막연히 시를 좋아하였으나 읽을 시집이라고는 한 권도 없었다. 그러던 중 동시집 '바닷가 게들' 이라는 동시집을 우연히 얻게 되어 책 표지가 다 떨어지도록 읽고 또 읽었다.

고등학교에 진학하여 문학회에 가입하여 더러 '문학의 밤' 에 나가 시 낭송을 하기도 하였으나 대학입시 때문에 시를 제대로 지도받지 못했다. 대학에 가서 합평회라는 것을 더러 참석하였으나 대학 졸업 후 어떤 동인회에 가입하지도 않은 채 혼자서 끙끙 작품을 썼다.

대학시절에는 부모님께 옷을 산다고 용돈을 타다가 모두 책을 사곤 하였는데 책을 얼마나 자주 사러 서점에 갔던지 서점 주인이 '책 좀 그만 사서 보라.' 고 할 정도였다.

스물 세 살 때 초등학교 교사로 발령을 받고 줄곧 혼자서 작품에 매달려 습작을 해왔으며 해마다 신춘문예에 연례 행사처럼 응모하였으나 번번히 낙방하곤 하였다. 그러다가 서른 세 살에 늦깎이로 문단에 발을 내딛게 되었다.

요즘 보기 드문 5부자 집

우리 집은 요즘 보기 드문 5부자 집이다. 5부자 집이란 문자 그대로 5부자가 함께 사는 집이라는 뜻이다.

현대 사회의 가장 큰 특징 중의 하나는 부부중심의 핵가족화인데 비해 3부자, 4부자도 아닌 5부자라니……. 5부자, 보통사람들은 말만 들어도 입이 저절로 벌어질 것이다.

우리 집은 올해로 여든세 살이신 아버지와 나, 그리고 세 아들 이렇게 5부자가 한 집에서 산다. 우리 집은 3대에 걸쳐 5부자가 함께 사는 셈이다.

또한 우리 집에는 막내로 딸 하나가 더 있어 아이들 네 명에다 아내, 이렇게 모두 일곱 식구로 대가족이다. 아이들이 다른 집보다 배가 많아 사실은 여러 가지로 힘이 드는 것이 사실이다.

집사람은 멋 모르고(?) 많이 나서 고생한다고 투정 아닌 투정을 부리지만 형제가 하나도 없는 나로서는 이 세상에서 가장 부러운 사람은 형제가 많은 사람들이었다.

나의 이런 소원이 자식 대에 가서 결국 이루어진 셈이다. 사실 우리 집에는 다른 집의 아이들보다 두 배나 많기 때문에 교육비도, 생활비도 배나 더 든다.

공무원인 내가 혼자 벌어서 네 명의 아이들을 건사하기가 정말 불가능하다. 그래서 집사람이 직장에 나가 고생(?) 아닌 고생을 한다. 아이들을 둘만 두었다면 집사람 고생이 덜할 텐데 하는 후회도 해보지만 아이들을 많이 둔 것도 다 팔자소관이니 어쩌겠는가?

아이들을 많이 두자고 주장한 내가 집사람한테 늘 미안하고 죄스러울 뿐이다. 어려서부터 절간같이 조용한 집에서 자란 나는 형제들이 북적대는 가족이 많은 집이 부러웠다.

지금은 집안에 식구들이 많아서 정말 사람 사는 것 같은 느낌이 든다. 별로 자랑할 수 없는 집안의 내력을 꺼내 놓는다는 것은 치부를 드러내듯 참으로 부끄러운 일이지만 요즘 보기 드문 별난 가족이라서 소개하는 바이다.

이렇게 가족이 구성된 가정도 여간해서 찾아 보기 힘들 것이다. 옛날 남자의 노동력이 절대 필요로 했던 농경사회에서는 집안에 남자들이 많으면 많을수록 좋았지만 지금은 한 가정에 한두 명의 자녀만 두는 것이 보통인 시대에 5부자 집은 참 별난 가정이라고 생각할 것이다.

시골에 내려가서 고구마를 캐어도 금방 뚝딱 해치우며, 벼를 말릴 때에도 5부자가 대들면 금방 담아 버린다. 그런 반면 먹을 것을 한 상 가득 차려놓아도 마파람에 게눈 감추듯 금방 비워 버린다.

본래 나는 무녀독남 외아들로 태어났다. 그것도 어머니 나이

37세에, 아버지 나이 36세가 되어서야 나를 낳으셨으니 정말 늦둥인 셈이다.

연로하신 부모님께 늘 한 집에 같이 사시자고 말씀을 드리면 시골에서 농사일을 하면서 꼼지락거리며 살아야 건강에도 좋다고 하시며 시골을 떠나실 줄을 모르셨다.

그러던 중 갑자기 어머니가 세상을 뜨신 후 아버지 혼자 시골에서 생활하실 수 없는 처지가 되신 아버지를 한 집에 모시며 살게 되었다. 우리 집은 단독 주택이 아닌 고층 아파트의 9층에 있다.

시골생활에 젖어 계신 아버지가 아파트 생활에 도무지 적응을 못하셔서 처음에는 아내와 내가 큰 애를 먹었다. 처음에 아버지는 엘리베이터를 타지 않으신 채 층계를 걸어서 오르내리셨다.

길가에 가다가 지푸라기 한 가닥이라도 발견하시면 집에 가지고 오셔서 신주단지처럼 옆에 끼고 새끼를 꼬시기도 하셨고, 인근에 있는 고구마를 추수한 밭에 가셔서 땅을 파헤쳐 주인이 버리고 간 애기주먹만한 작은 고구마를 캐오기도 하셨다.

심지어 산에서 먹지도 못하는 상수리를 주워 오시기도 하였다. 시골에서는 상수리로 묵을 쑤어서 먹을 수 있지만 도시에서는 불가능한 일이다. 맷돌도 있어야 하고 가마솥도 있어야 가능한 일이기 때문이다.

육신은 비록 시골을 떠나 있었지만 아버지의 모든 의식과 생각은 시골생활의 연장선상에 놓여 있었다. 얼마나 고향이 그리우시면 저러실까 하는 생각에 눈물이 핑 돌았다.

아이들은 집이 지저분해진다면서 아버지의 궁색한 행동에 대해 싫어하는 눈치였다. 그러나 시골생활과는 너무 판이하게 다른 도회지 생활에서 오는 낯설음과 두려움 때문에 아버지는 너무 적적하신 것 같았다.

아이들의 눈에는 아버지의 행동이 이상하게 보이기도 하겠지만 시골에서 평생을 살아오신 아버지의 즐거움이 바로 그런 것이라는 사실을 아이들에게 충분히 이해를 시켰다.

아이들도 아버지의 이상한 행동을 점차 이해하기 시작하였고, 지금은 아이들이 아버지의 말벗이 되기도 하고, 수족이 되어 도와드리고 있다. 지금은 아파트 생활에 잘 적응하신다. 동네 경로당에 나가셔서 동네 노인들과 골패도 치시고 화투도 치시며 잘 어울리시며 사신다.

세 번이나 쓰러지신 아버지

구한말 정부군 장교이셨던 할아버지는 을사보호조약이 체결되자 독립투사로 둔갑하셔서 만주로 중국으로 일본으로 떠돌아 다니셨던 까닭에 아버지는 할아버지의 사랑을 조금도 받아보지 못했다고 하신다.

어쩌다 할아버지께서 며칠 집에 들르실 때면 아버지는 할아버지를 아버지라고 부르지도 못하셨다 한다. 늘 집을 비우셨던 할아버지인 까닭에 당신의 아버지가 마치 낯선 이방인처럼 느껴진 모양이었다.

아버지는 시골에서 농사를 지으면서 바로 이웃에 있는 임천광산을 다니셨다. 아버지는 농사일과 광산 일을 번갈아 가시며 밤낮으로 일을 하셨다. 지하 갱도에서 감석을 채취하시는 일을 하신 탓에 돌가루를 많이 마셔서 결국 진폐증에 걸려 지금껏 고생을 하신다.

한밤중에도 기침 때문에 잠을 제대로 못 드신다. 금광을 오래 다니신 덕분에 폐가 망가져 폐출혈로 세 번이나 쓰러지셨다. 그때마다 가족들의 가슴을 철렁 내려 앉곤 하였다.

어머니가 돌아가시자 풀이 죽어 한층 늙어 보이시는 아버지. 한 평생 자식과 흙만을 사랑하시며 살아오신 아버지가 계속 편찮으셔서 여간 걱정이 아니다.

평생 가난을 벗어나려고 안 먹고 안 입고 발버둥치시며 살아오신 아버지의 한없이 쓸쓸하고 처량한 심사를 달래드리기란 그리 쉽지 않다.

5년 전 갑자기 피를 토하시어 대학병원에 응급실로 모셨는데도 피가 멈추지 않아 계속된 출혈로 호흡이 멎고 심전도가 멈출 정도였다. 의사도 가망이 없다고 고개를 절래 절래 흔들었다.

나는 그 때 아버지께서 정말 돌아가시는 줄 알고 가까운 친구들에게 연락을 하고 난리였는데 다행히 아무 일 없었다는 듯이 훌훌 털고 일어나셨다.

아버지께서 지금은 건강하신 편이지만 거의 약으로 버티신다. 그 후로도 폐출혈이 심해 두 번이나 더 병원 신세를 지셨다. 아버지가 병원에 입원하셨을 때 5부자의 진가(?)는 어김없이 발휘되었다.

오전에는 집사람이 병실을 지켰으며, 오후에는 세 아들들이 학교 공부를 마치고 번갈아 가며 병간호를 맡았다. 그러나 밤에는 내가 입원실 간이 침대에 누워 새우잠을 자면서 병간호를 해야만 되었다.

형제간이 전혀 없는 나로서는 밤에 교대 할 사람이 하나도 없는 처지라서 아버지가 입원해 계신 동안 내내 밤에는 어김없이 내 담당이었다. 아이들은 모두 학교에 다니기 때문에 아이들한테 야간병간을 맡길 수 없었다.

중환자실에 계실 때에는 병수발을 하지 않아도 되었지만 일반 병실에 입원에 계실 때에는 아버지 대소변이 가장 큰 문제였다. 거동이 불편하신 관계로 한밤중에도 아버지께서 소변이 마렵다고 하시면 벌떡 일어나 부축하여 화장실을 다녀오곤 하였다.

잠을 제대로 자지 못한 나는 파김치가 된 채 이튿날 어김없이 출근하여 아이들을 가르쳐야 되었으니 상당히 힘들었다.

퇴원하신 다음에 기운이 없어 거둥을 못하시는 아버지를 목욕시켜드리며 몹시 놀랐다. 나이가 연로하시고 병치레를 오래 하신 탓에 몸이 수척해질 대로 수척해지셔서 뼈만 앙상하게 남으셨기 때문이었다.

젊어서 일을 너무 하신 탓에 손은 온통 까칠까칠해지고 굳은 살이 박혀 손등은 소나무껍질처럼 갈라지고 두터워져 손가락의 지문이 모두 지워졌다.

손톱은 너무 두꺼워 손톱깎이가 들어가지 못했다. 거칠고 뭉뚝해진 딱딱해진 피부는 각질이 떨어져 군데군데 반점이 생겼다.

병원에 입원해 계셨을 때 아버지께 안마를 해드리는 일도, 휠체어를 태워드리는 일도 자식들이 많아서 이 놈 저 놈 교대로 해드리자 아버지께서는 무척 좋아하셨다. 퇴원하여 집에 계실 때에도 안마며, 잔심부름은 아이들이 도맡아 해드렸다.

고령의 부모님을 두신 사람들은 누구나 한두 번쯤 부모님의 병환 때문에 놀란 적이 있을 것이다.

폐가가 된 시골집

투박하고 누추한 시골집, 가난이 무슨 훈장처럼 덕지덕지 매달려 있는 시골집은 오래 비워두어서 한 쪽이 반쯤 무너졌다.

아버지의 입장에서 볼 때 어려서부터 정들었던 고향집이 결국 허물어져 없어진다고 생각하시면 얼마나 서운해 하실까?

지금도 아버지는 시골에 내려가시면 으레히 다 쓰러져 가는 고향집을 둘러 보신다. 경제적인 여유만 있다면 시골집을 헐고 그 자리에 양옥집을 짓고 아버지를 모시고 싶지만 생각보다 그리 쉽지 않다.

아버지께 고향집이 사라진다는 너무나 큰 상실감을 안겨드려 정말 큰 죄를 짓고 사는 것 같다. 늘 말씀이 없으신 아버지는 다부지지 못하며 의지와 끈기가 부족한 나에게 세상을 보듬고 살아가는 방법을 가르쳐 주셨다.

마당에는 잡초만 무성하고 군데군데 지붕이 헐려 이미 폐가가 다 된 시골집이지만 장독대 옆에 서 있는 감나무에는 올해도 홍시가 주렁주렁 열렸다.

모처럼 일요일을 잡아 아버지를 모시고 시골집에 내려가 먹음직스럽게 매달린 홍시를 땄다. 아버지는 모처럼 삶의 자취가 남아있는 옛집을 둘러보셨다.

현실은 늘 어둡고 힘에 부쳐도 자식 하나 바라다보시며 평생을 살아오신 아버지. 백지같이 아름답고 깨끗한, 그야말로 법 없이도 살아가실 아버지. 아무리 자식들이 잘 해드려도 몸이 불편하신 아버지는 요즈음 무척 힘드신 모양이다.

말씀은 안 하셔도 가슴 속에 쌓이는 허전함이야 어찌 다 말로 설명할 수 있을까? 그런 아버지를 위해 자식들은 아무 것도 해드리지 못해 민망하고 죄스러울 뿐이다.

5부자 하면 가난의 표상이 될지도 모른다. 왜냐하면 아무리 많이 벌어도 지출할 데가 많으니 말이다. 그러니 자연 홍부네 집처럼 가난해질 수밖에 없지 않겠는가.

그러나 부존자원이 부족한 우리나라에서는 사람이 곧 훌륭한 자원이며 자산인 셈이다. 자식이 많은 것은 결코 자랑거리일 수는 없겠지만 잠재력이 있는 즉 자라나는 아이들은 인적자원으로 무형의 재산인 것이다. 그런 면에서 보면 5부자 집인 우리 집은 굉장히 부자 집인 셈이다. 부자가 5부자가 되니 따따따 따불로 부자가 아니고 그 무엇이겠는가?

흔히 사람들은 '자식은 애물단지요, 근심의 씨앗' 이라고 말들 하지만 자식은 애물단지도 근심의 씨앗도 아니다. 형제가 한 명도 없는 나로서는 오히려 '자식은 마음 속의 든든한 울타리' 라는 믿음이 강하다. 내가 자식을 많이 낳은 것은 사실 자식들에게 호강을 받으려는 연유에서 비롯된 것은 결코 아니다. 자식은 든든한 울타리요. 믿음직한 버팀목인 셈이다.

(어떤 비바람에도 그떡 하지 않고 묵묵히 버티는 튼튼한 돌담같이 우리 가정을 지켜 주시던 아버지께서 86세의 일기로 2005년 별세하셨음을 밝혀 둔다.)

■ 시의 진정성

새벽 금강에서

꼭두새벽에 일어나 강가에 서서
나는 발가벗은 강의 목을 끌어안았다.
하얀 거품을 내는 미끌미끌한 알몸이
너무나 탐스러웠다.
밤새 잠 못이루고 뒤척인
강의 알몸은 신열처럼 뜨겁다.

강물은 낮에는 옷을 몇 겹씩 껴입으며
점잖은 듯 내숭을 떨지만
어둠이 내리면
거추장스러운 옷들을 모두 벗는다.

강물 속을 하염없이 들여다 보면
흘러간 시간과 사라져간 풍경들이
되살아난다.

먼 시간 속에 갖힌 채
물속에서 흐르는 침묵 같은 작은 모래 위를 걷는다.
그 은밀한 속삭임이 내게로 온다.

발가벗은 새벽 강물, 그 깊고 깊은 심연의 바다에

풍덩 빠져보고 싶은
달콤한 유혹이여.

위 작품 '새벽 금강에서' 는 월간문학(한국문인협회 발행) 2004년 12월호에 실린 작품으로 2005년 신년호 월간문학에 월평에 좋은 시로 선정되어 다음과 같은 평을 받았다.

시는 있음과 없음의 형식을 갖춤으로써 포기하지 않는 삶을 일으켜 세운다. 끝없는 변주는 풀리지 않는 삶이나 화해하지 못하는 꿈을 물거품처럼 흩어지지 않게 붙잡아준다.

그런 의미에서 시의 깊이와 무게는 씌여진 어휘에 따라 의미 전달과 공가마대를 형성하여 삶의 진정성을 찾는다. 12월호 월간문학에 게재된 작품을 읽으면서 시의 진정성을 찾는다.

시의 진정성은 사람들이 어떻게 받아들이느냐에 따라 다르다. 하지만 대부분의 시인들은 일상적인 의미에서 시적인 출발을 시작한다. 여기서 시인이 시의 진정성을 획득하지 못한다면 공감대를 형성하기 어렵다.

왜냐하면 시적인 신선한 충격이 없기 때문이다. 신선한 충격이란 풍부한 어휘로써만 극복 가능하다. 시는 무한한 상상력과 미적 가치, 그리고 지성이 겸비되어야 한다.12월호에 게재된 작품들이 역작임에 틀림없지만 대체로 나름으로서 서정성이 두드러져 보인다. 가령, 사물이나 대상을 조화롭게 보는 섬세함은 중요하지만 지적인 부분을 도이시하는 가벼움이 앞선 듯 싶어 아쉬움을 느끼게 한다.

이러한 것은 시의 가벼움이 시의 격조를 떨어뜨려 불안하게 한다. 시는 눈으로 읽을 뿐만 아니라 몸으로 느껴지는 그 무엇이어야 한다.

남낙현의 '새벽 금강에서' 는 정신과 육체가 있다. 시의 환치이긴 하지만 성을 배제한 한 인간의 가치는 정체가 불분명하고 비사실적이게 마련이다. '강'으로 나타난 여성의 성은 모든 힘의 원천이다.

'강'은 이 세상에서 강력한 흡인력을 갖고 있다. 시인이 시를 쓰는 것은 자신을 확인하는데 있다. 결국 시란 평범한 일상을 재구성하고 시작과 끝을 구분 짓는 은유이다. 한 줄의 시구를 찾아 시인은 험한 길을 끝까지 간다.

이충이 「있음과 없음, 그 끝없는 변주」
《월간 문학》 2005년 1월호 이달의 작품 평 중에서-

바람에게 길을 묻다

남낙현 시집

발행일 / 2007년 11월 9일
지은이 / 남낙현
발행인 / 李憲錫
발행처 / 오늘의문학사
대전광역시 동구 삼성1동 125-6 한밭오피스텔 401호
Tel(042)624-2980 Fax(042)628-2983
http://www.munhaksarang.or.kr(홈페이지)
http://www.cafe.daum.net/gljang(글짱카페)
✉ hs2980@hanmail.net
등록 / 제55호(1993년 6월 23일)
ISBN 978-89-5669-250-0

값 7,000원